1510
12 Б

9007

DES ANCIENNES ETUDES

DE

L'ARCHITECTURE.

DE LA NÉCESSITÉ

DE LES REMETTRE EN VIGUEUR;

ET DE LEUR UTILITÉ

POUR L'ADMINISTRATION DES BATIMENS CIVILS;

PAR CHARLES-FRANÇOIS VIEL;

Architecte de l'Hôpital général, Membre du Conseil des travaux publics du département de la Seine, de la Société libre des sciences, lettres et arts de Paris.

A PARIS,

Chez { L'Auteur, rue du Faubourg-Saint-Jacques, près le Val-de-Grace.
{ Tilliard frères, libraires, rue Pavée-Saint-André-des-Arcs, n°. 16.
{ Goeury, libraire, quai des Augustins, n°. 43.

Mai 180-.

IMPRIMERIE DE H. L. PERRONNEAU.

AVIS.

PRINCIPES

DE L'ORDONNANCE ET DE LA CONSTRUCTION DES BATIMENS

TROIS VOLUMES.

Le premier volume, publié en mars 1797, contient quarante-quatre chapitres, dont il convient de rappeler dans cette table ceux qui traitent.

Le XXXIVe., Des Dangers et de l'abus de la science du Trait dans la
construction des édifices.
Le XXXVe., Du Nouveau pont de Paris construit par Perronnet.
Le XXXVIe., Du Panthéon français (S^{te}.-Geneviève).
Le XXXVIIe., Des Causes de destruction des supports de la Coupole de
ce temple.
Le XXXVIIIe., Des Effets principaux de destruction.
Le XXXIXe., Observations.
Le XLe., Raisons d'augmenter le volume des supports du dôme.
Le XLIIe., De la Cause du petit nombre de chefs-d'œuvre en architecture.

Le second volume, publié successivement par chapitres, à compter de 1800
en 1806, est composé, savoir :

Le Ier., De la Décadence de l'Architecture à la fin du 18e. siècle.
Le IIe. De l'impuissance des Mathématiques pour assurer la solidité des
bâtimens.
Le IIIe., De la Solidité des bâtimens, puisée dans les proportions des
ordres d'architecture.
Le IVe., Des Fondemens des édifices publics et particuliers.
Le Ve., Des Points d'appui indirects.
Le VIe., De la Construction des édifices sans l'emploi du fer.
Le VIIe., Construction des entablemens et des plafonds.
Le VIIIe., De l'Usage du fer dans les bâtimens particuliers.

Le troisième volume comprend la collection des planches gravées de différens édifices publics et particuliers, composés et construits par l'auteur; et il réunit les discours suivans :

Des Anciennes études de l'Architecture.
Notices sur des édifices composant la collection (1).

Trois Mémoires sur le Panthéon français (Ste.-Geneviève) :

1°. Moyens pour la restauration des piliers du dôme, année 1797.
2°. Plans et coupes du projet de restauration, année 1798.
3°. Des Erreurs publiées sur la construction des piliers, faite par Soufflot, année 1806.

Nota. Je dois livrer à l'impression les dissertations ou rapports sur la construction d'une coupole projettée pour la Halle au Bled de Paris, que j'ai faits au Conseil des travaux publics du département et à la Commission spéciale, au ministère de l'intérieur, années 1806 et 1807. Ces dissertations, essentiellement liées à la science de la construction des voûtes, intéresseront sans doute les architectes et les amateurs des arts pour le fond, et le public en général, eu égard à leur objet.

(1) Ces notices ne seront imprimées que dans le cours de la présente année.
Les divers hôpitaux de Paris, dans lesquels j'ai fait de grands travaux, la Pitié, Bicêtre, la Salpêtrière, la Maternité, etc., composeront en grande partie ces notices.

DES ANCIENNES ÉTUDES
DE L'ARCHITECTURE.

Les études, ce fondement de l'instruction publique, ont, dans tous les genres, éprouvé de nos jours les plus grandes altérations. Déjà, et avant nos troubles civils, on ne faisoit plus qu'effleurer les principes; ils étoient même qualifiés d'aveugle routine; et à cette époque, *le désordre dans l'instruction fut signalé de toutes parts.* Il est remarquable que l'architecture qui, entre les beaux-arts, exige davantage un grand fonds de science, s'est ressentie particulièrement de la déviation des bonnes études. Voici comment un observateur éclairé s'explique à ce sujet :

« La vraie science de l'architecture ne sauroit trop entrer dans les
» études. Mais, étudie-t-on aujourd'hui ? étudie-t-on lorsqu'on fait
» profession de mépriser l'étude et ceux qui étudient leur art (1) ? »

Si des artistes qui possèdent des connoissances étendues et solides en jugent ainsi, il est donc constant que nos anciennes études, qui embrassoient toutes les parties constitutives de la science de cet art, sont délaissées; il est constant qu'il faut en réveiller le goût et les faire revivre, parce qu'elles seules peuvent procurer une éducation forte et substantielle.

L'étude de l'architecture se borne maintenant, dans nos écoles, à celle de faire des dessins; dans aucune, les élèves ne sont initiés dans la doctrine de l'art que renferment les traités savans de Vitruve, des Léon-Baptiste Alberti, des Philibert Delorme, des

(1) Q. M. D. Q.

Blondel et de tous nos grands maîtres. Aussi, dans le dénuement où se trouvent les jeunes gens de la connaissance des principes, leur imagination, livrée à elle-même, leur jugement n'ayant point de règles, leur goût reste flottant et sans guide. Les essais de ceux qui se distinguent le plus ne consistent que dans de simples images de compositions d'architecture, qui, seulement pour quelques-uns, sont exprimées avec facilité par le dessin. La preuve de cette assertion se trouve dans des projets mêmes des concours annuels pour les grands prix, qui seraient insoutenables, et qui cependant obtiennent la palme. À la vérité, ces écarts dans les jugemens sont les suites nécessaires et funestes de la destruction de toutes nos anciennes institutions, et surtout depuis quinze années. Cet état de choses, commun à la peinture et à la sculpture, est une des plaies causées par la révolution qui restent à fermer.

S'il est incontestable que les cours actuels d'architecture sont incomplets; s'il est vrai qu'ils manquent principalement de leçons approfondies sur les relations respectives des masses dans un édifice, sur la limite de leur puissance, connoissances fondamentales de l'art de composer les édifices et de les ériger; il importe donc de rappeler ces cours aux anciens rudimens, qui renferment les vérités essentielles et capables d'éclairer l'esprit de l'artiste sur ces grandes parties de l'architecture. Sans ce retour vers les principes, jamais les monumens à ériger n'égaleront en beauté, en solidité, nos plus célèbres bâtimens des derniers siècles.

Le cours spéciale d'architecture cependant, où le professeur se livre à des dissertations sur l'art, doit être distinguée de celles particulières; mais les étudians n'y assistent que bénévolement; ils ne sont soumis à aucun examen qui les oblige à prouver qu'ils ont recueilli quelques fruits de leurs cours.

Rien donc n'est plus désirable que de voir traiter dans les classes ouvertes par le Gouvernement, de tous les points de doctrine qui appartiennent à l'architecture ; mais uniquement selon la méthode créée, suivie par les maîtres qui ont le plus illustré la France. Par suite, les écoles secondaires ne feroient plus du dessin l'unique objet de l'instruction ; elles prépareroient les esprits à profiter de cours publics qui, désormais, embrasseroient toutes les branches de la science de l'art.

Un architecte doit savoir dessiner, sans doute ; mais le dessin n'est que le moyen dont il se sert pour exprimer ses pensées : le beau d'un morceau d'architecture réside toute entière dans sa conception, et nullement dans l'illusion d'un trait facile et hardi, qui n'est qu'une sorte de mécanisme. C'est par l'exécution que l'on juge du vrai degré de talent de l'architecte et de la perfection d'un édifice, parce que les formes, les proportions seules restent là.

C'est avec la facilité de dessiner que l'on est parvenu, de nos jours, à tracer en quelques semaines des compositions immenses, que de beaucoup moins considérables auroient occupé nos grands maîtres pendant des mois entiers, pour seulement les méditer et les esquisser. Cette manière moderne de composer n'est pas l'art, elle est une des causes qui l'avilissent davantage. Cette rapidité de main, toute fantastique qu'elle soit, fait croire que l'architecture est très-facile à exercer ; et cependant un grand, un bel édifice ne peut être conçu, figuré en dessin avec célérité, puisqu'il est le produit des qualités les plus rares chez l'artiste, *de la réunion de la pénétration à la justesse, de l'alliance d'une imagination vaste et féconde à un esprit éminemment judicieux.* La leçon du plus grand des maîtres en poésie : *Hâte-toi lentement*, est d'autant plus applicable à l'architecture, que les fautes commises, même légères, ont toujours des conséquences graves dans les productions de cet art.

Les écoles régénérées auroient toutes pour fondement de leur doctrine sur l'ordonnance et sur la construction

« QUE les anciens se sont emparés de tout; qu'ils ne nous ont
« laissé rien à découvrir dans le vaste champ de l'imagination; et
« que de quelque côté que nous portions nos pas, nous rencontrons
« les bornes posées par leur génie. »

« QUE nous devons nous renfermer exclusivement dans la con-
« templation de ces grands modèles, et nous pénétrer de leur
« substance. »

CES écoles rappelleroient sans cesse aux élèves que dans les arts
il existe une mesure et des points fixes, au-delà et en-deçà desquels
le bon ni le beau ne peuvent exister (1).

CES vérités, unique *palladium* contre l'innovation, mère de l'ignorance, sont d'autant plus nécessaires à propager dans nos écoles,
que les opinions les plus disparates y règnent aujourd'hui. Les idées,
sur ce qui constitue le beau et le grand dans l'ordonnance, sur ce
qui constitue le solide dans la construction, sont tellement brouillées,
que, selon la plupart de nos professeurs, les règles de la composition en architecture sont résultantes, ou d'un ordre de rapports
puisés dans tel ou tel genre d'édifice dont le choix est déterminé
par le sentiment particulier de l'artiste, et ces professeurs n'attachent
nullement leurs pensées aux élémens de la construction, car ils les
dédaignent.

CETTE manière fausse, licencieuse et commode de juger de l'architecture sous tous les rapports, par ceux-là mêmes qui l'exercent
et qui l'enseignent, favorise efficacement les déclamations, dignes des
siècles d'ignorance, d'une classe particulière de savans, dont le sens,
quoique très-différent, tend au même but, la décadence de l'art.

(1) *Est modus in rebus, sunt certi   Quos ultra citraque nequit consistere
denique fines.   rectum.*

A entendre ces novateurs, que j'ai fait assez connoître dans mes ouvrages, et dont je dois citer le nouveau trait suivant.

« Il n'y a point de principes certains dans la composition des « édifices; chaque architecte a son esprit, son sens propre et parti- « culier pour disposer des proportions dans l'ordonnance. »

Et c'est à une assemblée d'architectes que l'on adresse un pareil discours !

Ainsi, les qualités diverses, les proportions constitutives, d'un bel édifice, si difficiles à combiner, dans lesquelles l'orateur même se plaît à puiser des comparaisons heureuses et justes, ne sont que des qualités arbitraires ! ainsi un édifice informe, sans harmonie comme sans caractère, ne peut être déclaré un mauvais ouvrage ! Voilà pour la partie de l'invention.

Les mêmes savans proclament hautement, sous les rapports de l'exécution, qu'eux seuls possèdent éminemment l'art de bâtir. Selon eux, les architectes ne pourroient aborder aucun point capital de construction; selon eux encore, ils sont hors de la question dès qu'ils *s'avisent* d'en traiter la partie scientifique.

Tels sont les discours que l'impression publie, qui circulent dans de certains cercles. De pareilles batteries produisent tout leur effet soutenues qu'elles sont par l'engouement qui obsède exclusivement beaucoup de gens pour les mathématiques, *car le fanatisme de la science est l'épidémie courante*. L'on croit en conséquence que les plus importans problèmes en construction ne peuvent se résoudre qu'avec le mécanisme des chiffres, que manient facilement nos décla- mateurs intéressés contre les architectes. C'est ainsi que l'esprit d'analyse, que le torrent des systèmes ont envahi les beaux-arts; et entre eux, l'architecture en est la première et la principale victime

Le même esprit d'analyse, qui donne tant de prétention à cette classe de géomètres, esprit qui remplace le génie et corrompt les idées, vient de dicter un nouvel ouvrage qui attaque l'architecture de la manière la plus ambitieuse, non pas en lui refusant tout principe, mais en la bornant à un seul que l'auteur a enfanté.

« *Principe fondamental* échappé à la pénétration des architectes qui se sont même le plus distingués depuis la renaissance des arts. »

« L'architecture doit être *au nombre des sciences exactes* : c'est à tort qu'on l'a toujours mise au nombre des beaux-arts. »

« L'autorité des anciens maîtres doit être nulle aux yeux de la raison. — Les proportions de chaque partie d'un édifice sont rigoureusement coordonnées, lorsqu'on a cru qu'elles dépendoient uniquement de l'imagination et du goût de l'architecte (1). »

L'auteur n'a sans doute échoué dans la première application qu'il a faite d'une aussi brillante conception (dans le projet de restauration des piliers du dôme de Ste.-Geneviève), que parce que le *principe fondamental* est encore dans ses langes.

Quel délire de perfectibilité agite cette faction physico-mathématique, composée de sectes différentes ; les uns qui refusent, les autres qui admettent un *principe unique* dans l'ordonnance des bâtimens, et qui semblent tous être dévoués exclusivement aux sciences exactes ?

Les principes divers sur lesquels l'architecture repose sont trop anciens pour se flatter d'en découvrir de nouveaux ; ils sont trop solidement établis pour être renversés, anéantis. En vain donc ceux-ci prétendent

(1) Le Journal de l'Empire, du lundi [...] intitulé : *Théorie de l'architecture*, etc [...] , a publié cet ouvrage

avec l'algèbre, avec des connoissances du mécanisme de la construction, ceux-là avec *un élément constitutif*, opérer tous des merveilles sans exemples dans la composition et dans la construction des édifices! en vain ils déclarent que *l'autorité des anciens maîtres doit être nulle aux yeux de la raison*; que l'architecture ne dépend point de l'imagination et du goût, comme on l'a cru jusqu'alors.

Qu'ils apprennent ces savans, également inspirés contre les beaux-arts, étrangers qu'ils sont aux premiers élémens de celui qu'ils osent exercer; qu'ils apprennent que sans ces deux facultés de l'ame, il n'y a point d'architecture, vérités que leurs œuvres seuls en ce genre, qui n'offrent aucune trace de génie ni de goût, prouveroient puissamment, si la nature des choses n'en établissoit pas la démonstration la plus complette.

Enfin, il est constant pour tout esprit sain, instruit et exercé dans les beaux-arts :

« Que le goût en architecture n'a rien d'arbitraire; qu'il ne dépend
« point de l'influence des climats; qu'il est une qualité morale qu'on
« retrouve par-tout où brille la connoissance de l'ordre et des con-
« venances. »

Or, c'est au milieu de pareilles innovations, qui sapent tous les anciens principes de l'architecture dans leurs racines, que plusieurs des écoles sont soumises à toutes les fluctuations qui s'accroissent encore par le défaut d'un centre commun auquel toutes les institutions de cette nature devroient se rattacher, et d'où le mouvement premier leur seroit imprimé. De là l'origine de ces diverses espèces d'architecture qui prennent faveur, dont les plus distinctes peuvent se ranger en deux classes, l'une la gothique, l'autre l'égyptienne; et quoique diamétralement opposées dans leur genre, la première excessivement légère, la seconde excessivement pesante, elles ont d

contractée de *propager l'innovation, qui est l'un des caractères par-ticuliers de la médiocrité.*

« C'est ainsi que les Arts se détruisent par l'ambition des artistes sans génie, qui, ne pouvant, ni les uns ni les autres, égaler les maîtres, s'efforcent d'accréditer une manière vicieuse, sous prétexte de se frayer de nouveaux chemins. »

Le concours public et célèbre pour l'érection d'un édifice sur l'emplacement de l'église de la Madeleine, nous a offert un grand exemple de ce mélange bizarre d'espèces différentes d'architecture. Voici comment un critique judicieux s'explique sur ceux de ces projets composés à l'égyptienne.

« Quoi de plus ridicule, dit-il, que de reproduire le style des Égyptiens, chez lesquels les objets de détail n'ont jamais été qu'au berceau; quoi de plus ridicule que de voir, dans de certains projets, les concurrens rejeter les beaux ordres de la Grèce et de l'Italie, pour y substituer les ordres barbares et grossiers de l'Égypte. S'il étoit possible qu'un projet de ce genre fût adopté, on pourroit dire que l'école française rentre dans le berceau (1). »

Ce concours a prouvé à quiconque s'est appliqué dans l'exposition faite des dessins, à étudier la disposition générale des plans, la dis-tribution des masses, a voulu connoître l'esprit, le caractère imprimés par les auteurs dans leurs compositions, à quiconque s'est rendu compte des moyens indiqués par les concurrens pour la solidité; ce concours a prouvé combien peu, entre les innombrables dessins (2), réunissoient une partie de ces diverses qualités; combien peu offroient

(1) Annales de l'Architecture et des Arts, n°..., mars 18...

(2) Le nombre des concurrens étoit de quatre-vingt-quatre. Le jugement a été porté le 28 mars 1809. Le nombre des juges étoit de dix, dont cinq archi-tectes.

les premières des conditions imposées par l'art de bâtir, car la
majorité de ces plans seroit inexécutable.

Mais encore, pour ceux des projets qui ont mérité le plus l'attention des connoisseurs, quelle distance immense ne reste-t-il pas entre
les dessins et leur exécution! quel génie, quelles études, quel goût,
quelle expérience ne faudroit-il pas réunir pour leur faire produire
un bel édifice! qu'il est à craindre pour cette fabrique du premier
ordre, que l'auteur qui en sera chargé n'ait le même sort d'Icare,
d'être, comme lui, précipité des hauteurs où on aura osé l'élever,
quelqu'extraordinaires que puissent être les conditions qu'on lui im-
posera, dit-on, pour éviter une pareille catastrophe! Au reste, sur
le tout, *le public, à qui il appartient de juger les justices,* exercera
un jour son droit de révision.

J'AJOUTERAI (cette sorte de digression ne sera pas déplacée) que
les concours, qui entraînent tant d'inconvéniens appliqués à la peinture et à la sculpture, en ont de bien plus graves en architecture (1).

En effet, si dans ces lices particulières où les jugemens ne portent
que sur des esquisses et des dessins, un tableau, une statue sont
donnés à faire à des artistes sans talens, ces productions, manquées
dans leur exécution, disparoissent bientôt, et l'État, dans ce cas,
n'a fait qu'un léger sacrifice d'argent. Mais si un édifice, érigé d'après
le choix fait de l'architecte dans un concours, est mal ordonné,
mal construit, ce qui est inévitable, si l'auteur des dessins couronnés
ne réunit pas tous les titres nécessaires pour le succès dans l'exécution,
non-seulement la fin du monument n'est pas remplie, mais de plus,
les sommes considérables qu'il a employées sont perdues, et sa durée,

---

1 J'ai publié des idées analogues à
celles-ci contre les concours de ce genre,
dans différens de mes ouvrages, et l'ex-

périence ne fait que m'y attacher davantage.

s'il en obtient une, perpétue l'erreur du jugement qui l'a produit au grand jour.

Cependant, si l'on cherche le motif qui a pu faire adopter les concours pour ordonner l'érection d'un édifice important, on le trouve dans le désir bien naturel de la part du Gouvernement, d'avoir le meilleur morceau d'architecture. Mais pour cela, il faudroit que tous les architectes les plus habiles sous les rapports de l'invention, de la science et de l'expérience, fussent seuls admis à concourir, en supposant qu'ils voulussent bien risquer leur réputation sur de simples dessins. Or, dans cette hypothèse, je le demande : de quels élémens composera-t-on le *jury* pour prononcer sur le projet à exécuter ? il est évident qu'il ne reste plus de sujets pour remplir une fonction aussi *difficile*. Donc le mode de concours ne peut atteindre son but ; la nature des choses s'y oppose absolument ; donc il exposera toujours aux chances les plus hasardeuses, auxquelles d'ailleurs bien des causes accessoires et inévitables, inutiles à décrire, les coteries, les cabales, etc., etc., se réunissent contre ce mode.

Enfin, le concours pour l'édifice à construire sur l'emplacement de la Madeleine, qui, par l'importance de son objet, par les données entravantes des premières constructions, exigeoit toutes les ressources de l'art pour produire une bonne composition ; ce concours a fait juger à l'observateur attentif, aux architectes les plus savans, de toute la nécessité d'établir un enseignement sévère et fortement constitué dans l'éducation de ceux qui se vouent à l'architecture.

Je reviens à mon sujet.

Un écrivain du quatrième siècle (Longin), époque où les ouvrages en littérature et ceux des beaux-arts étoient infectés du plus mauvais goût, attribuoit cette dégénération au défaut dans les études ;

et pourtant alors, comme il en est aujourd'hui chez nous, jamais les écoles de la Grèce ne furent plus fréquentées, jamais l'affluence des étudians n'avoit été plus grande. Serions-nous donc destinés, comme les Grecs et les Romains, à subir une entière dépravation des esprits, et à voir disparoître jusqu'aux dernières étincelles du bon goût ?

Le même esprit qui a corrompu le goût est devenu cabalistique, il dicte les jugemens les plus extraordinaires sur nos chefs-d'œuvre anciens de la capitale, comme sur tels de nos bâtimens modernes. Citons-en quelques exemples.

Dans les premiers, l'on prodigue la louange à des changemens qui s'opèrent sous nos yeux, et qui, cependant, détruisent les beaux effets de la composition, qui résultoient de la manière large dont elle avoit été dessinée et exécutée par l'homme de génie qui en est l'auteur.

Dans les seconds, l'on prodigue la louange à des productions chétives et vicieuses. Ce n'est pas tout : des opérations majeures les plus hasardées, les plus téméraires sont célébrées comme des traits de la plus profonde science; et ces jugemens, subversifs de l'art, sont recueillis, publiés par les feuilles périodiques !

Or, n'est-ce pas ici le cas d'appliquer le mot d'un ancien qui, entendant applaudir un mauvais orateur, s'écria : *Mes amis, l'éloquence est perdue!* Comme cet ancien, après les jugemens que je viens d'indiquer (et il en est une foule qui se succèdent en ce genre), ne doit-on point s'écrier : Il n'existe plus d'architecture ! *car il n'est pas seulement injuste, il est pernicieux de louer ce qui peut offrir un dangereux exemple.*

Les architectes, dont la pensée n'est point comprimée par des considérations particulières dans leurs jugemens, qui sont fortement attachés à la gloire de leur pays, manifestent avec énergie leur opinion contre l'état actuel où est réduite l'architecture par deux causes principales ; la première, le vice de nos études ; la seconde, la substitution de théories ambitieuses aux principes fondés sur la raison et recueillis par l'expérience, principes qui ne peuvent être violés impunément.

La postérité, à l'égard de celle-ci, aura peine à croire toute la foi que l'on accorde de nos jours aux sciences physico-mathématiques dans la construction des bâtimens ; elle aura peine à croire l'opiniâtreté des zélateurs qui refusent de reconnoître :

« Qu'il est un immense nombre de vérités physiques qui échappent « aux analyses mathématiques et se refusent à tous les calculs. »

Non, jamais le chemin des illusions ne sera la bonne route. Les catastrophes inévitables qui se développeront dans tels et tels édifices seront les fruits amers de l'esprit systématique ; catastrophes déjà manifestées dans des monumens publics, et dans la capitale même et dans les provinces de l'Empire, et qui toutes ne feront que confirmer les dangers de l'innovation dans l'art de bâtir.

Le désordre contre lequel je m'élève, et que tant de causes diverses ont appelé, ne peut cesser qu'avec la renaissance de l'ancienne éducation : elle seule peut procurer une érudition aussi étendue que solide, celle qui nous met en possession de l'expérience de tous les siècles ; érudition avec le flambeau de laquelle nous circulons dans tous les édifices de l'antiquité, dans ceux que nous devons aux grands hommes depuis le renouvellement des arts ; érudition enfin qui nous fait juger des beautés de leur ordonnance et de tout le savant de leur construction, et nous y attache fortement. L'ancienne éducation est la puissance unique capable d'affranchir l'architecture de l'empire de la mode et de celui des hypothèses, extrêmes qui aboutissent au même point, à l'erreur.

Les effets salutaires que je présage sont certains avec l'établissement de cours complets dans nos écoles. L'architecture, cet arbre majestueux, malgré les blessures graves qu'il a reçues, malgré les liens qui tiennent courbées ses branches les plus élevées, conserve encore dans le tronc une grande portion de ses fibres qui, alimentées d'une sève pure, pourroient reprendre une nouvelle vigueur, relever fièrement sa tête, et produire les plus beaux fruits.

Mais les anciennes études de l'architecture, reconstituées, en même tems qu'elles rappelleroient le grand, le beau et le solide dans nos édifices à construire, elles procureroient la sûreté, le bon emploi des fonds qui leur sont consacrés, et, par une suite nécessaire, le rétablissement de l'ordre, si justement desiré pour les finances, dans les bâtimens publics et particuliers ; car la science, dans l'invention des plans, l'expérience dans leur exécution, sont la vraie sauve-garde, la garantie la plus certaine des dépenses que fait l'architecte. Sans ces qualités chez lui, il n'y a point d'économie à attendre dans ses opérations. De même que le médecin ignorant détruit le malade qui se confie en ses mains, de même l'architecte dénué de science ruine celui qui l'emploie ; et ce qu'il y a de plus redoutable encore, la vie de ceux qui habitent ces constructions est en danger (1).

Par suite d'avoir perdu de vue en administration, que la science et l'expérience sont les qualités premières et essentielles pour obtenir l'ordre dans les dépenses que font les architectes, on s'est livré, depuis la révolution, dans le régime des bâtimens, aux modes les plus variés, les plus compliqués, comme les plus impuissans. On

---

(1) On sait que plus d'un accident malheureux sont arrivés depuis peu d'années dans plusieurs constructions modernes les plus vicieuses, qui ont écroulé

prétendu de la sorte porter une lumière nouvelle dans le dédale des opérations de ce genre : on a voulu régulariser et prescrire la limite des sommes pour les constructions publiques ; et, tandis que d'une part on cumuloit réglemens sur réglemens pour soumettre les architectes, c'est ainsi qu'on s'en expliquoit, de l'autre part les constructions les plus importantes étoient confiées à une tourbe ignorante, dénuée de toutes connoissances théoriques et pratiques dans l'ordonnance et dans l'art de bâtir ; et par ces mesures sans exemples, les dépenses que l'on exigeoit d'être fixées à l'avance, condition impossible à remplir, les dépenses que l'on cherchoit à réduire au *minimum*, se sont accrues au contraire dans une proportion énorme.

Si l'on cherche ensuite les résultats de tant d'innovations, l'on reconnoît qu'ils se réduisent à des tableaux en comptabilité, qui offrent bien tous les états produits parfaitement coordonnés avec les autorisations pour les travaux, mais auxquels on peut appliquer ce mot de Pasquier : *Ce ne sont que figures propres à servir de tapisseries.* Donc, aussi longtems que les travaux seront confiés à des hommes équivoques et sans titres réels de talens ni d'expérience, à des gens de faveur ou d'une réputation due aux coteries qui abondent aujourd'hui, aussi longtems les dépenses des bâtimens publics n'auront point de bornes ; et l'administrateur le plus sage, le plus zélé, le plus instruit sur toutes les autres parties de son gouvernement, échouera dans ses nobles efforts pour faire le bien dans cette branche tout-à-fait particulière.

En effet, je le demande, et après les explications données sur ce point difficile en administration, où est la garantie dans une opération de bâtiment, d'une sage répartition des matériaux dans les différentes natures de travaux, de l'application étudiée des moyens les plus convenables dans tous les cas, que le seul architecte savant puisse faire, toutes mesures desquelles dépend absolument la masse des sommes indispensables à employer ? où est la garantie pour

l'ordonnateur, dès que les constructions sont livrées entre les mains
de l'ignorant? quelle responsabilité peut-on exiger, obtenir de lui?

Que l'on y réfléchisse : le régime ancien dans les affaires des bâtimens civils avoit été tracé par les Mansard, les Bullet, les Desgodets.
Ces hommes célèbres réunissoient éminemment toutes les parties de
l'architecture ; ils avoient mis les règlemens administratifs en concordance avec la nature, le genre et les espèces de constructions
diverses. Tout, dans leur code, étoit aussi sage que simple, facile
et rapide dans la pratique ; tout garantissoit l'ordre et opéroit l'économie dans les travaux publics. Aussi est-il arrivé que l'un des plus
grands ministres qu'ait eus la France, Colbert, sous Louis XIV,
accueillit des règlemens dictés par la science et l'expérience ; et le
prince fit l'un de ces savans architectes, Mansard, intendant de ses
bâtimens, fonction dont il étoit digne à tant de titres.

Il est donc constant que l'on a travaillé en vain, en substituant
aux anciennes formes administratives les nouvelles, qui régissent maintenant les constructions quelconques que le Gouvernement ordonne.

Enfin, toutes les formes actuelles, si faciles à remplir par l'ignorant architecte qui s'y attache uniquement, sous l'amas desquelles
il dérobe ses erreurs et les fait légitimer ; ces formes, au contraire,
accablent, enchaînent l'architecte habile, mettent obstacle dans le
cours de ses opérations, à l'emploi des moyens divers que la science
et l'expérience lui offriroient : d'où résulte un tort notable à la perfection de ses constructions, même les plus ordinaires.

Le grand sujet de l'administration des bâtimens étant bien médité
bien approfondi, l'on reconnoîtra la nécessité de revenir au mode
ancien de les régir pour arriver au terme cherché, l'ordre et l'économie. L'on rendra ainsi les architectes à leurs fonctions naturelles,
absorbés qu'ils sont dans le régime nouveau par un travail étranger

à celui qu'ils doivent remplir, et qui les a convertis en écrivains qui tiennent registres de leurs opérations, au lieu d'en être les directeurs.

Désormais donc, pour les travaux ordinaires, l'on fournira aux dépenses constatées par des états aussitôt après leur exécution, et non pas dressés à l'avance comme on les exige, puisque l'expérience en a démontré l'inutilité, puisque les états anticipés sont purement hypothétiques, et qu'ils nuisent à la marche naturelle des opérations; états qui, non-seulement ne peuvent réduire dans aucun point les dépenses que des travaux commandés par un besoin absolu nécessitent, mais qui entraînent des lenteurs préjudiciables, comme on le sait; enfin que, par la force des choses, l'architecte reste toujours le régulateur de toutes ses opérations.

Quant aux constructions nouvelles et importantes que le service des établissemens publics sollicite, de simples calculs sommaires des différentes natures d'ouvrages, suffisent.

À l'égard de vastes édifices à ériger, de ceux qui intéressent l'honneur et la gloire de la nation, il faut, dans ces cas extraordinaires, accorder les sommes nécessaires. La parcimonie, dans ces occasions d'éclat, est subversive du grand, du beau, de la solidité que doivent réunir de pareils monumens. Il suffit, pour l'administration, que l'architecte chargé de l'exécution de ses plans adoptés, établisse, sous le rapport de la finance, d'une manière précise et claire, les bases des dépenses que ses travaux occasionnent, lesquelles seront les preuves du bon ordre qu'il aura constamment observé dans toutes les natures de travaux de son bâtiment, pour en renfermer l'emploi de l'argent dans ses véritables limites (1).

____

(1) Cette mesure a été adoptée par l'administration de l'hôpital général en 1787, pour l'exécution de mes plans du grand égout de Bicêtre. Les pièces à l'appui des dépenses sont telles, que la preuve la plus complette a été faite de

Il est donc desirable que l'autorité reconnoisse et puisse se convaincre de cette vérité : le bon emploi des fonds consacrés à l'entretien et à la construction des édifices publics repose uniquement sur les talens, la science et la moralité de l'architecte, toutes qualités que les lois les plus étudiées, les plus sévères, ne sauroient procurer.

Si l'on opposoit que ces diverses qualités que je présente en cautionnement sont très-difficiles, même presqu'impossibles à rencontrer réunies, je répondrois que l'autorité peut et doit les exiger. Or, pour les obtenir, ce seroit de préparer sans délai tous les moyens propres à les faire féconder chez les élèves par une bonne éducation. A l'égard des hommes faits, d'apporter à l'avenir le soin le plus attentif dans le choix des sujets auxquels les travaux publics seroient confiés. Enfin, pour les architectes en exercice, le Gouvernement emploieroit sur-le-champ les deux grands ressorts qui sont en ses mains. Le premier, la distribution de la louange, soutenue par des récompenses toujours proportionnées aux services rendus, et jamais accordées à l'intrigue ni à une vile adulation : l'homme d'un mérite réel et d'une véritable probité en est incapable; la flatterie n'est l'apanage que des ames basses et hypocrites, qui ne prétendent qu'au simulacre de l'ordre et de l'honneur. Le second de ces ressorts dont je veuille parler, est l'application du blâme et de la destitution même dans le cas de déviation de la voie de l'honneur.

Tel est le plan d'organisation infiniment simple pour administrer avec un succès certain les bâtimens publics, plan que je soumets aux lumières et à la sagesse des ordonnateurs. Les vues qu'il expose

l'ordre observé à cet égard dans tout le cours de cette grande construction. Des délibérations authentiques attestent ces heureux résultats.

Nous voyons dans ce moment-ci de grands exemples de l'adoption d'une sem-

blable mesure, sans elle des travaux publics les plus importans n'auroient jamais pu être mis en mouvement ni marcher avec célérité vers leur fin, comme ils le font.

seront accueillies par les architectes les plus expérimentés, par ceux dont l'étendue, la sagacité de l'esprit embrassent toutes les parties accessoires de leurs fonctions. Ces vues administratives m'ont été inspirées par une suite d'observations sur les systèmes nombreux, sur les organisations diverses et multipliées en ce genre qui se sont succédées depuis dix-sept années révolues, que je n'ai cessé d'être en contact avec le nouvel ordre de choses. Un exercice d'ailleurs de dix années antérieures sous l'ancien régime, pendant lesquelles j'avois exécuté les plus grands travaux (1), toutes ces circonstances m'ont inspiré les réflexions que je publie sur l'administration des bâtimens.

Le sujet de ce discours, comme on le sait, est le rappel des études anciennes de l'architecture, dont les conséquences seroient si utiles, et pour l'art lui-même, et pour la société. Mais cette régénération ne peut s'opérer efficacement qu'avec l'existence d'une Académie d'architecture.

Un corps académique en effet peut seul être le régulateur de l'enseignement, et le dépositaire de la vraie doctrine. Il en étoit ainsi à l'ancienne académie; elle présidoit l'école établie dans son sein; elle jugeoit les concours, distribuoit les couronnes de tous les degrés. Voilà les services qu'elle rendoit pour l'instruction; tous avantages qui ont disparu avec elle.

Aujourd'hui, la majorité des membres du *jury* qui décerne les palmes dans les concours pour les prix annuels, et dans ceux extraordinaires et particuliers pour l'érection de monumens de la première classe, ne se doute pas des qualités que doit réunir une composition d'architecture comme ordonnance, et est tout-à-fait étrangère à la science de l'art.

---

(1) L'hôpital Cochin, le Mont-de-Piété sur la rue de Paradis, l'hôpital de la Pitié, la halle de Corbeil, le grand égout de Bicêtre, les loges de la Salpêtrière, etc., etc.

Vous donc, amis des arts, qui vous livrez à l'espoir flatteur pour leur succès *dans l'établissement de nos grandes écoles destinées à perpétuer en France leur gloire*, vous espérez en vain, sans l'existence d'une académie spéciale, qui, seule, seroit capable de créer *une pépinière nouvelle d'artistes aussi profondément instruits dans la théorie et capables de diriger l'exécution des vastes projets du Gouvernement* (1) !

Mais indépendamment des services pour l'éducation des architectes que l'académie, détruite en 1793, a rendus pendant l'espace de plus d'un siècle, cette société savante étoit un conseil permanent où les plus grandes questions qui intéressoient les bâtimens publics, soit sur l'ordonnance, soit sur la construction, étoient traitées. Ses décisions ont toujours été dictées par la sagesse ; l'honneur du corps le prescrivoit à ses membres. Si l'architecte Soufflot, cet homme de génie, n'eût pas été entraîné par l'ascendant fatal qui domina son esprit sur la prétendue infaillibilité des calculs algébriques pour la solidité de son édifice, ascendant dont nos mathématiciens conviennent aujourd'hui qu'il ne vit plus (2) ; si cet architecte se fût uniquement attaché aux principes que sa compagnie professoit, il eût corrigé lui-même le plan des piliers de son dôme, dont la forme

---

(1) Nouvelles des Arts, n°. 25, tom. V, pag. 333.

(2) La construction du temple de Ste.-Geneviève a été un grand sujet de discussions dans les séances de l'académie. L'auteur y recevoit des avis sages sur la construction des piliers du dôme ; il en sortoit ébranlé. Mais de retour chez lui, il communiquoit à des géomètres, ses conseillers intimes, les objections et les difficultés que les architectes lui avoient faites contre l'insuffisance de ses moyens sur cette partie principale de son édifice, et il en recueilloit des solutions mathématiques satisfaisantes pour lui. Soufflot, l'esprit calmé, soutenoit, dans les séances suivantes, la discussion, et croyoit échapper à la force des argumens que ne cessoient de lui opposer ses confrères inspirés par la vraie science dans l'art de bâtir qu'ils possedoient.

J'ai appris récemment ces détails d'un géomètre, dans une assemblée d'architectes, dont cinq étoient membres de l'académie.

triangulaire, purement géométrique, eût disparu sous son crayon habile. Soufflot donc, d'après l'éveil qu'il en avoit reçu, auroit assigné aux piliers de sa coupole, toutes les forces nécessaires pour leur solidité. Ces piliers, soumis dès-lors à d'heureuses proportions, eussent été mis en harmonie avec l'ensemble de l'édifice, sans causer aucune altération dans l'ingénieuse distribution de ses péristyles intérieurs, ni dans leurs plafonds, dont l'aspect produisoit une magie enchanteresse. Jamais ces supports n'auroient éprouvé de fractures, ni ces écrasemens qui ont compromis l'existence de l'édifice entier; jamais le triste appareil de cintres et d'étais ne les eussent masqués; jamais enfin ils n'eussent été dépouillés de leurs colonnes, leur plus bel apanage (1), et les architectes, les amateurs, n'auroient point à gémir maintenant sur le sort étrange auquel voilà pour toujours soumis un aussi grand et aussi beau monument.

Il étoit donc dans les destinées de ce temple d'éprouver des changemens considérables dans les parties principales de son ordonnance intérieure et dans ses détails. Tout, dans la restauration qui s'exécute, dans leur forme nouvelle, dans les moyens de construction, où le fer joue un grand rôle, tout y est extraordinaire, inattendu. Il est remarquable que cet édifice, du pied au sommet, tiendra sa force principale de l'emploi du fer. Quels étranges moyens pour la solidité d'un monument du premier ordre! Cette restauration sera une démonstration nouvelle bien convaincante des vérités que j'ai développées dans mon chapitre, de l'Impuissance des Mathématiques pour la solidité des bâtimens.

Je dirai encore de l'académie d'architecture, ce qu'à si juste titre l'on a dit de l'université de Paris, qui a été la dépositaire constante et la directrice des bonnes études, et qui a placé les Français au

<hr>

(1) J'ai donné, dans mes différens ouvrages, des détails exacts sur l'état de
...ance des piliers de ce temple, et sur les
moyens propres à leur restauration.

premier rang des nations savantes. De même, l'académie détruite par les secousses révolutionnaires, avoit su conserver dans son sein le germe précieux de l'esprit de l'art, malgré les altérations qu'il éprouva dans le cours du dix-huitième siècle (1).

Si donc l'académie d'architecture de Paris renaissoit, son premier soin seroit de tracer un plan d'études sur les anciens fondemens de l'instruction publique de cet art. La première des conditions, pour être élève, seroit d'avoir une teinture des lettres. Avec l'étude du dessin, marcheroit de front celle des principes dont la doctrine développée embrasseroit les grandes parties de l'ordonnance et de la construction; l'académie institueroit des examens pour s'assurer du fruit chez les sujets de l'école, des leçons qu'ils y auroient reçues, et les élèves ne pourroient concourir pour les médailles qu'après avoir obtenu dans les examens les suffrages des professeurs.

Ce plan d'éducation, en procurant un premier fond d'instruction aux jeunes gens sur l'art auquel ils se consacrent, les dirigeroit plus sûrement à combiner avec raison les masses de leurs plans, et à appercevoir les vraies sources de l'harmonie linéaire constitutive de l'architecture. Les grands prix à l'avenir ne seroient plus des ouvrages d'écoliers, puisque la plupart des projets qui les obtiennent, ainsi que je l'ai remarqué plus haut, ne pourroient point souffrir l'épreuve de l'exécution.

Ce même plan d'éducation rendroit le voyage de Rome beaucoup plus fructueux pour les pensionnaires de l'État. Ils reviendroient dans leur patrie, riches non-seulement de dessins faits par eux-mêmes et de nombreux détails pris sur le corps des édifices,

---

(1) J'ai déja fait connoître combien la destruction de l'académie royale d'architecture a été fatale, et à l'art lui-même, et à la chose publique.

De l'impuissance des Mathématiques, pag. 51, 52 et 53.

recueillis avec un choix éclairé, mais riches en doctrine et en vraie science de leur art. Il ne resteroit plus, pour le complément des études de ces jeunes architectes, qu'à se livrer à la pratique de l'ordonnance et de la construction, par la conduite pour leurs maîtres, pendant quelques campagnes, de l'exécution de bâtimens publics.

QUELS résultats heureux ne verroit-on pas naître d'un plan d'études aussi complet! Les élèves de l'académie, après ces tems d'épreuves, livrés à eux-mêmes, munis de tous les moyens nécessaires pour atteindre à une juste célébrité, verroient leur réputation s'accroître jusqu'à l'extrémité de leur carrière; et tandis que tant d'architectes du jour qui, n'ayant eu pour talent principal, au moment de leur entrée sur la scène des affaires, qu'une facilité et une flexibilité de main dans le tracé de leurs plans; ces architectes, parvenus à un âge avancé, restent, étant dénués de science, privés de l'honneur de présider avec habileté dans les conseils où ils peuvent être appelés. Au contraire, les architectes à former, devenus familiers, comme l'étoient nos grands maîtres, avec toutes les connoissances qui appartiennent à leur art, jouiroient, au dernier terme de la vie, de la douce satisfaction d'être à leur tour les régulateurs éclairés de toutes les grandes opérations qui intéressent le service public dans les bâtimens.

LES bases générales que je présente ici pour constituer une école spéciale d'architecture, sont toutes fondées en raison; sans leur réunion, il n'y a point de véritable éducation pour les élèves architectes, et l'art reste livré à toutes les altérations et à la décadence dont il est menacé.

ENFIN, si l'académie nouvelle, établie par les statuts les plus sages, les plus appropriés à ses fins, imposante par sa masse, par le faisceau de lumière qu'elle réuniroit, forte de la confiance du souverain, jouissant de l'opinion publique, puissance si efficace pour

opérer le bien : une telle association, dégagée d'ailleurs de tous
mélanges hétérogènes, constituée d'élémens simples et de même
nature, seroit bien capable de dissiper le chaos dans lequel sont
jetées la plupart des opérations de bâtimens, parce que l'académie,
ainsi constituée, auroit nécessairement une influence directe ou
indirecte sur tout ce qui appartient à l'architecture.

Une aussi belle institution, composée seulement des sujets les plus
distingués, verroit naitre dans son sein une émulation noble et fruc-
tueuse. Un tel ordre dans l'architecture dissiperoit cette tourbe
ignorante et famélique d'usurpateurs d'un nom qu'ils déshonorent ;
un tel ordre défendroit à l'avenir le Gouvernement de ces méprises
funestes qui se succèdent depuis seize années dans le choix, pour les
travaux publics, d'hommes incapables de les exécuter avec honneur ;
et désormais l'appareil si infructueux, si dangereux des concours
publics, auxquels la révolution a donné naissance, disparoitroit.

Le rétablissement de l'académie d'architecture faciliteroit donc le
prompt retour d'une sage application des dépenses de l'État dans
les travaux publics. Une économie réelle succéderoit, dans cette partie,
à celle fictive créée par les circonstances ; et les architectes vraiment
dignes de la faveur du prince, de celle de ses ministres, cesseroient
d'être asservis par des liens honteux ; ils recouvreroient la liberté
sans laquelle ils ne peuvent opérer le bien ; liberté que sollicite vive-
ment l'intérêt du service public et du service particulier (1).

(1) Je puis avancer qu'il n'est pas un seul membre de l'ancienne académie qui ne desire la renaissance du corps dont ils ont été l'ornement ; l'amour pour leur art me confirme dans cette idée. Je sais que plusieurs d'entre eux, et des plus distingués par leurs talens, avoient conçu un plan d'organisation nouvelle qui étoit à la veille d'éclore.

L'absence de l'académie s'est tellement fait sentir aussitôt après sa destruction, que le professeur de l'école a été obligé d'inviter ses confrères, que les horreurs révolutionnaires n'avoient point dispersés ou détruits, de se réunir à lui et à un nombre d'anciens élèves de l'académie pour composer un *jury* qui jugeât les concours de l'époque…

Ce discours expose combien est grand le besoin de faire revivre les anciennes études. *Il est tems*, a dit un écrivain judicieux, *que les arts reviennent à leurs vrais principes; il est tems que l'expérience des abus en architecture ramène aux bons principes;* il est tems d'introduire les jeunes architectes, par des cours savans et complets, à une connoissance profonde de leur art. Il importe enfin de ne point perdre de vue la grande et noble pensée de Massillon : *Que les arts et les sciences tombent et se relèvent avec les siècles,* or une solide institution est la digue la plus forte à opposer à leur chûte.

Ce discours convenoit à la tête de ce troisième volume; il peut être regardé comme l'indicateur de la route qu'il faut suivre pour arriver au but désiré, d'être un véritable architecte, et dans laquelle le fil conducteur indispensable est une bonne éducation. Ce discours est parfaitement d'accord dans sa substance avec l'esprit de la doctrine que renferme mon traité sur un art auquel j'ai consacré ma vie entière.

Me voilà donc acquitté de la promesse que j'avois faite en publiant (en 1791) la première partie de mon ouvrage, de produire la collection des dessins des édifices que j'ai construits. Maintenant l'artiste et l'amateur peuvent juger si ces édifices, dans leur genre, dans leur style, dans leur construction, sont en concordance avec

Cet état de choses subsiste encore, comme l'exige l'espèce de l'enseignement public de l'architecture; et l'on peut dire au moins que dans les concours particuliers les élèves sont jugés par leurs pairs. Il n'est tout autrement pour le jugement des grands prix.

Le concours honorable à la mémoire de Ledoux, architecte d'une juste célébrité, et institué par lui, a mérité, en

général, l'approbation des amis des arts. Trente architectes étoient réunis pour le jugement qui a été prononcé le 25 mars 1807, et à la satisfaction des concurrens.

J'ai remarqué avec plaisir que dans l'assemblée il n'existoit qu'un léger dissentiment parmi nous sur ceux des dix-sept projets présentés au concours qui étoient les plus méritans.

les

les principes que j'enseigne. C'est par cet ensemble de discours et de figures que j'ai voulu concourir de tous mes moyens à conserver l'esprit de l'architecture dans sa pureté, et la transmettre à nos neveux telle que nos pères l'ont reçue des anciens, qui, tous, l'ont également maintenue dans la sphère où la nature l'a placée, celle des beaux-arts. L'architecture ne peut être mise au nombre *des sciences exactes* que par des esprits systématiques, de froids calculateurs, incapables de produire aucun dessin digne de l'attention des artistes.

L'ARCHITECTURE n'a jamais brillé d'un plus grand éclat qu'aux époques où les lettres ont été cultivées avec le plus de pureté, parce que les beaux arts ont des principes généraux qui leur sont communs avec elles, et tous également soumis aux atteintes du mauvais goût, tous soumis à la même décadence. Ces vérités sont connues des gens instruits de toutes les classes; elles sont consignées dans des ouvrages excellens, qui les ont développées avec le plus grand succès (1). Écoutons à ce sujet la leçon nouvelle d'un écrivain habile, sur les lettres :

« TOUJOURS la régularité des plans, la sobriété des ornemens, « l'usage discret et sage des combinaisons de la mesure et de l'har- « monie, seront les véritables principes de la littérature. »

OR, je le demande, de telles lois imposées pour composer un bon ouvrage, soit en poésie, soit en éloquence, ne sont-elles pas celles qui régissent toutes compositions en architecture ? donc l'architecture est un art.

JE suis bien fondé à insister sur cette importante classification de 'architecture; elle est d'un intérêt majeur dans ses conséquences.

(1) *Les Beaux-Arts réduits à un même principe*, etc.

D

Une pareille question ne s'est élevée que par suite de l'invasion faite par les géomètres dans les domaines de cet art, que l'on prétend ainsi légitimer; invasion contre laquelle je me suis constamment élevé dans mes écrits. La citation suivante démontrera d'autant plus l'à-propos d'insister sur les raisons puissantes qui veulent que l'architecture soit un art et non pas une science. Voici comment un observateur attentif à ce qui intéresse les arts de goût s'explique à ce sujet :

> Nos lecteurs, dit-il, n'auront point oublié quel germe de rivalité se développe depuis plusieurs années entre les savans et les artistes, au sujet de l'architecture, les uns prétendant que tout, en architecture, doit se soumettre aux lois de leurs mathématiques; les autres, soutenant que le sentiment des effets de la symétrie, élément des belles proportions, la finesse du coup-d'œil, l'inspiration inexprimable du génie, pourvu qu'ils soient réglés par le bon sens et l'expérience des procédés qui ont réussi aux anciens, sont les qualités nécessaires pour faire de bonnes et de belles choses en architecture (1). »

Donc la lutte est toujours subsistante; donc il faut toujours combattre et repousser une aggression aussi ridicule dans ses prétentions qu'elle est dangereuse dans ses effets, quoiqu'il soit fort à craindre que la force seule des choses les fasse cesser.

Je terminerai ce discours en formant les vœux les plus ardens pour que l'enseignement de l'architecture soit reconstitué. Les motifs d'espérance en sont les mieux fondés à cette époque où les études des lettres, celles de la médecine, celles des lois viennent d'être rappelées vers leurs anciennes institutions, et pour le succès desquelles des corps particuliers et spéciaux viennent d'être reconstitués. Espérons donc que l'architecture fixera également l'attention

(1) Journal de l'Empire, 9 mars 1807.

de l'autorité, pour que cet art soit enseigné dans ses deux branches principales, l'ordonnance et la construction, suivant la doctrine des anciens, et confiée à la garde d'un corps formé à cette fin. Une pareille institution est d'autant plus desirable à voir se recréer, qu'un nombre de jeunes élèves, remplis d'ardeur pour acquérir des talens, doués du don précieux d'une imagination heureuse, s'annoncent dans l'école publique. Ils ont pour premier besoin d'enrichir leur esprit de connoissances solides qui deviennent pour le présent les régulateurs de leurs compositions, en sorte qu'ils ne soient plus exposés à tracer des plans seulement exécutables sur la toile.

L'ÉTABLISSEMENT de cours complets d'architecture est d'autant plus facile à opérer, que les bases générales qui constituent notre école, seroient les fondemens naturels des accroissemens nécessaires qu'appelle l'intérêt des arts, ainsi que nous l'avons démontré.

Dans ce discours, je ne me suis pas livré à toute la richesse du sujet; et quoique la nature en soit d'une utilité incontestable, les points principaux qui lui appartiennent ont seuls fixé mon attention. Je me suis donc appliqué à faire sentir de la manière la plus frappante le besoin absolu de fortifier, de completter nos cours d'architecture dont j'ai démontré l'insuffisance sous les rapports de la science de l'art; la science, sans laquelle tout est erreur, tout est danger en ordonnance et en construction; sans laquelle l'art de composer les édifices devient fatal à la société, en compromettant la vie des citoyens et leurs fortunes. Dans tous mes écrits, ne perdant jamais de vue la leçon d'Horace (1), je me suis appliqué à ne les point surcharger par les détails. Le public a prononcé sur eux son opinion en ce sens, et je me flatte qu'il portera un jugement semblable de cet ouvrage, qui complette mon Traité d'architecture.

1. *Est brevitate opus, ut currat sen-*   *Impediat verbis, lassas onerantibus*
tentia, neu se   *aures.*

www.ingramcontent.com/pod-product-compliance
Ingram Content Group UK Ltd.
Pitfield, Milton Keynes, MK11 3LW, UK
UKHW021351100726
13657UKWH00006B/2037